# ORDONNANCE DU ROI,

## *Concernant le Régiment Royal-Corſe.*

Du 26 Avril 1775.

## *DE PAR LE ROI.*

SA MAJESTÉ étant dans l'intention de donner à ſon régiment Royal d'Infanterie Corſe une compoſition plus ſolide, & de l'aſſimiler au reſte de ſon Infanterie, a ordonné & ordonne ce qui ſuit :

ARTICLE PREMIER.

LES neuf compagnies qui compoſent actuellement l'Infanterie de la Légion Corſe, ſeront incorporées dans le régiment Royal d'Infanterie Corſe, lequel, au moyen de cette incorporation, ſera compoſé à l'avenir de deux bataillons, divisés chacun en neuf compagnies, dont une de Grenadiers & huit de Fusiliers.

2.

CHACUNE des compagnies de Grenadiers sera, soit en temps de paix, soit en temps de guerre, commandée par un Capitaine, un Lieutenant & un Sous-lieutenant; & composée d'un Fourrier, de deux Sergens, quatre Caporaux, quatre Appointés, quarante Grenadiers & un Tambour.

Les quatre Caporaux, les quatre Appointés & les quarante Grenadiers, seront distribués en quatre escouades de douze hommes chacune, dont un Caporal & un Appointé. La première & la troisième de ces escouades formeront la première division, à laquelle sera attaché le premier Sergent. La seconde & la quatrième escouade formeront la seconde division, à laquelle sera attaché le second Sergent. La première division sera subordonnée au Lieutenant; la seconde, au Sous-lieutenant: ces deux Officiers en rendront compte tous les jours au Capitaine, qui en répondra au Major; le Major au Colonel, en son absence, au Colonel-commandant, & en l'absence de celui-ci, au Lieutenant-colonel.

3.

L'INTENTION de Sa Majesté est que les Grenadiers qui viendront à manquer, continuent d'être remplacés sur le champ par les compagnies de Fusiliers, chacune à leur tour, en choisissant les plus beaux hommes, & ceux dont la bonne conduite & la valeur mériteront la préférence.

4.

CHACUNE des compagnies de Fusiliers sera commandée en tout temps par un Capitaine, un Lieutenant & un Sous-lieutenant; & composée, en temps de paix, d'un Fourrier, trois Sergens, six Caporaux, six Appointés, quarante-deux Fusiliers, deux Tambours, Fifres ou Clarinets; de manière que dans quatre compagnies il y ait un Tambour & un Clarinet ou Fifre, & dans les quatre autres, deux Tambours sans Clarinets ni Fifres: l'intention de Sa Majesté étant qu'il n'y ait jamais plus de quatre Musiciens par bataillon.

Sa Majesté donnera ses ordres, à la première augmentation qu'Elle jugera à propos de faire dans son Infanterie, pour créer un Sergent, deux Caporaux & deux Appointés; de façon qu'alors chaque compagnie de Fusiliers se trouvant commandée par le même nombre d'Officiers, soit composée d'un Fourrier, quatre Sergens, huit Caporaux, huit Appointés, du nombre de Fusiliers que Sa Majesté se réserve de fixer, & de deux Tambours, Clarinets ou Fifres, divisés en huit escouades.

5.

CHAQUE compagnie de Fusiliers, sur le pied de soixante hommes, réglé pour le temps de paix par l'article précédent, sera divisée en six escouades, composées chacune de neuf hommes, dont un Caporal & un Appointé. Les Fusiliers seront rangés en bataille, par rang de taille, chacun dans leur compagnie.

La première & la quatrième escouade formeront une première subdivision, à laquelle sera attaché le premier Sergent. La seconde & la cinquième escouade, formeront une seconde subdivision, à laquelle sera attaché le second Sergent; & les troisième & sixième escouades formeront la troiſième ſubdiviſion, à laquelle ſera attaché le troiſième Sergent. Ces différentes ſubdiviſions ſeront commandées par le Lieutenant & le Sous-lieutenant : ces deux Officiers en rendront compte tous les jours au Capitaine ou Chef de bataillon, qui en répondra au Major, le Major au Colonel, & en ſon abſence, au Colonel-commandant, lorſqu'il y en aura, & en l'abſence de celui-ci, au Lieutenant-colonel.

L'intention de Sa Majeſté étant d'ailleurs que l'Aide-major de chaque bataillon rende compte au Colonel-commandant & au Lieutenant-colonel, lorſque, le Colonel étant préſent, le compte ne leur ſera pas rendu par le Major; Elle veut également, lorſque le Colonel-commandant commandera le régiment, que l'Aide-major de chaque bataillon rende compte au Lieutenant-colonel.

## 6.

Sa Majesté ayant jugé à propos d'établir des Chefs de bataillons dans chacun des bataillons de ſon Infanterie Françoiſe & Étrangère, par ſon Ordonnance du 28 juin 1774; & voulant expliquer ſes intentions ſur le grade & les prérogatives deſdits Chefs de bataillons, a réglé qu'ils ſeront reçus en cette qualité, à la tête de leur bataillon, par le Commandant du régiment.

Qu'ils ſeront exempts du ſervice de Capitaine, & commandés, comme Officiers ſupérieurs, pour la diſcipline intérieure du régiment. Ils ſeront alors accompagnés par un Sous-aide-major.

L'ordre leur ſera porté par le Sous-aide-major de leur bataillon, & l'Aide-major leur rendra compte, à la parade, de ce qui ſe ſera paſſé dans leur bataillon; ce qui ne dispensera pas lesdits Chefs de bataillons, ainsi que les autres Capitaines, de rendre un compte direct de leur compagnie au Major, jusqu'à ce que Sa Majesté ait jugé à propos d'y nommer des Capitaines-commandans, conformément à l'Ordonnance du 28 juin 1774.

Lesdits Chefs de bataillons seront subordonnés à tous Lieutenans-colonels & Majors titulaires.

L'intention de Sa Majesté étant d'ailleurs qu'ils portent pour marque distinctive une épaulette avec une frange simple, & non à nœuds de cordelières, en or aux épaulettes d'argent, & en argent aux épaulettes d'or; & qu'au surplus les dispositions de son Ordonnance du 28 juin 1774, pour leur établissement, soient exécutées en tout ce qui ne sera pas contraire à ce qui est réglé ci-dessus.

7.

L'ÉTAT-MAJOR dudit régiment, sera composé d'un Colonel, un Colonel-commandant, lorsque le Colonel sera Officier général, un Lieutenant-colonel, un Major, de deux Chefs de bataillons, deux Aides-major, deux Sous-aides-major, quatre Porte-drapeaux, un Quartier-maître, un Aumônier, un Chirurgien, un Tambour-major & un Armurier.

8.

SA MAJESTÉ se réserve, comme dans les régimens d'Infanterie Françoise, la nomination des charges de Lieutenant-colonel & de Major, qu'Elle choisira parmi ceux des Capitaines de ce régiment, indistinctement, qu'Elle jugera devoir mériter cet avancement.

9.

L'INCONVÉNIENT qui résulte du commandement

établi dans l'Infanterie, par ancienneté de régiment, a déterminé Sa Majeſté à l'abolir, & à régler que le commandement appartiendra à l'avenir, dans toute l'Infanterie, aux plus anciens Officiers, ſuivant la date de leurs lettres ou commiſſions: dans le cas ſeulement où deux ou pluſieurs Officiers ſe trouveroient être de même date, alors celui du plus ancien régiment prendra le commandement.

10.

EN conſéquence de cette nouvelle diſpoſition, les Capitaines de Grenadiers ne pourront prétendre au commandement, à l'excluſion des Capitaines de Fuſiliers, que lorſqu'ils ſe trouveront les plus anciens de date de commiſſion de Capitaine.

11.

VEUT Sa Majeſté qu'il en ſoit uſé de même entre les Colonels, Lieutenans-colonels, Majors & Chefs de bataillons, qui ne pourront prétendre à l'avenir au commandement dans leurs grades reſpectifs, qu'en vertu de la date de leurs commiſſions, lettres ou brevets, & réclamer ledit commandement ſur le rang de leurs régimens dans l'Infanterie, que dans le cas ſeulement où ils ſe trouveroient de même date.

12.

SA MAJESTÉ veut bien permettre que, pendant la paix, il ſoit accordé deux emplois de Sous-lieutenans ſurnuméraires ſans appointemens, par bataillon, ſans que ce nombre puiſſe être augmenté.

13.

L'INTENTION de Sa Majeſté eſt que les Fourriers,

Sergens, Caporaux & Fusiliers, continuent à faire le service comme ci-devant, & à commander entr'eux suivant le rang du régiment dans lequel ils serviront, & sans avoir égard à leur ancienneté personnelle.

14.

SA MAJESTÉ n'entend rien changer à ce qui a été réglé par les Ordonnances précédentes, concernant ses régimens d'Infanterie, sur le rang & l'autorité des différens grades des Officiers & bas Officiers, qui doit être suivi en tout ce qui ne se trouvera pas contraire aux dispositions de la présente Ordonnance.

15.

VOULANT Sa Majesté expliquer ses intentions sur le choix des bas Officiers, Elle a réglé que:

Lorsqu'il vaquera une place de Fourrier de Grenadiers, celui qui devra la remplir, sera choisi dans le nombre des Sergens de Grenadiers, ou de ceux des compagnies de Fusiliers.

Lorsqu'il vaquera une place de Sergent de Grenadiers, il sera choisi dans le nombre des Caporaux de Grenadiers, ou dans celui des Sergens de Fusiliers.

Et lorsqu'il vaquera une place de Caporal de Grenadiers, il sera choisi dans le nombre des Grenadiers, ou des Caporaux des compagnies de Fusiliers qui auront été tirés précédemment desdites compagnies de Grenadiers.

16.

ON se conformera, pour le choix des Fourriers, Sergens & Caporaux des compagnies de Fusiliers, aux dispositions des articles 38, 39 & 40 de l'Ordonnance du 21 décembre 1762; à la réserve cependant des Fourriers, qui seront choisis dans le nombre des Sergens; l'Ordonnance du 13 août 1765, attribuant auxdits Fourriers l'autorité supérieure sur tous les Sergens.

17.

LE Tambour-major continuera à avoir l'autorité & à veiller sur la conduite des Tambours & des Clarinets ou Fifres; mais Sa Majesté veut encore que les Fourriers, Sergens & Caporaux de chaque compagnie veillent également sur la conduite des Tambours, Clarinets ou Fifres de leur compagnie, de même que sur celle des Soldats, & que lesdits Tambours & Musiciens vivent en chambrée dans leur compagnie, & qu'ils y couchent.

18.

L'ÉTABLISSEMENT d'un quartier d'assemblée pour les Recrues, réglé par l'article 20 de l'Ordonnance du 21 décembre 1762, & conformément à l'Ordonnance du 1.er février 1763, concernant les Recrues des régimens d'Infanterie Étrangère, continuera à avoir lieu. Cependant Sa Majesté ayant jugé à propos de porter le régiment Royal-Corse à deux bataillons, le dépôt dudit régiment sera composé à l'avenir, en temps de paix, d'un Capitaine ou d'un Lieutenant, & il aura sous ses ordres deux Sergens ou quatre Caporaux ou anciens Soldats propres à faire des recrues. Ledit dépôt sera composé, en temps de guerre, d'un Capitaine ou Lieutenant, avec un Sous-lieutenant, trois Sergens & six Caporaux ou anciens Soldats.

19.

SA MAJESTÉ ayant jugé à propos de régler une

paye de paix & une paye de guerre à ſes régimens d'Infanterie; en conſéquence, Elle veut que les appointemens & ſolde ſoient payés audit régiment de Royal-Corſe, ſur le pied :

*SAVOIR;*

| *COMPAGNIES DE GRENADIERS.* | EN TEMPS DE PAIX. | | | EN TEMPS DE GUERRE. | | |
|---|---|---|---|---|---|---|
| | Par jour. | Par mois. | Par an. | Par jour. | Par mois. | Par an. |
| Au Capitaine de Grenadiers, x livres en temps de paix; & ept livres treize ſous quatre den. n temps de guerre, ci....... | 6$^{l}$ ″$^{s}$ ″$^{d}$ | 180$^{l}$ ″$^{s}$ ″$^{d}$ | 2160$^{l}$ | 7$^{l}$ 13$^{s}$ 4$^{d}$ | 230$^{l}$ ″$^{s}$ ″$^{d}$ | 2760$^{l}$ |
| Au Lieutenant, deux livres dix ous en temps de paix; & trois vres ſix ſous huit deniers en emps de guerre, ci........ | 2. 10. ″ | 75. ″ ″ | 900. | 3. 6. 8 | 100. ″ ″ | 1200. |
| Au Sous-lieutenant, une livre reize ſous quatre den. en temps e paix; & deux livres dix ſous n temps de guerre, ci...... | 1. 13. 4 | 50. ″ ″ | 600. | 2. 10. ″ | 75. ″ ″ | 900. |
| Au Fourrier, treize ſous quatre leniers en temps de paix; & treize ous huit deniers en temps de guerre, ci................ | ″ 13. 4 | 20. ″ ″ | 240. | ″ 13. 8 | 20. 10. ″ | 246. |
| A chaque Sergent, douze ſous quatre deniers en temps de paix; & douze ſous huit den. en temps de guerre, ci.............. | ″ 12. 4 | 18. 10. ″ | 222. | ″ 12. 8 | 19. ″ ″ | 228. |
| A chaque Caporal, huit ſous huit deniers en temps de paix; & neuf ſous en temps de guerre, ci | ″ 8. 8 | 13. ″ ″ | 156. | ″ 9. ″ | 13. 10. ″ | 162. |
| A chaque Appointé, ſept ſous huit deniers en temps de paix; & huit ſous en temps de guerre, ci | ″ 7. 8 | 11. 10. ″ | 138. | ″ 8. ″ | 12. ″ ″ | 144. |
| A chaque Grenadier & Tambour, ſix ſous huit deniers en temps de paix; & ſept ſous en temps de guerre, ci......... | ″ 6. 8 | 10. ″ ″ | 120. | ″ 7. ″ | 10. 10. ″ | 126. |

| *COMPAGNIES DE FUSILIERS.* | EN TEMPS DE PAIX. | | | EN TEMPS DE GUERRE. | | |
|---|---|---|---|---|---|---|
| | Par jour. | Par mois. | Par an. | Par jour. | Par mois. | Par an. |
| Au premier Capitaine de Fusiliers, six livres en temps de paix ; & sept livres treize sous quatre deniers en temps de guerre, ci.. | 6l ″s ″d | 180l ″s ″d | 2160l | 7l 13s 4d | 230l ″s ″d | 2760l |
| Aux second & troisième Capitaines de Fusiliers, cinq livres dix sous en temps de paix; & sept livres trois sous quatre deniers en temps de guerre, ci......... | 5. 10. ″ | 165. ″ ″ | 1980. | 7. 3. 4 | 215. ″ ″ | 2580. |
| A chacun des autres Capitaines de Fusiliers, cinq livres en temps de paix ; & six livres treize sous quatre den. en temps de guerre, ci | 5. ″ ″ | 150. ″ ″ | 1800. | 6. 13. 4 | 200. ″ ″ | 2400. |
| A chaque Lieutenant, une livre treize sous quatre den. en temps de paix ; & deux livres quinze sous six deniers deux tiers en temps de guerre, ci............... | 1. 13. 4 | 50. ″ ″ | 600. | 2. 15. 6⅔ | 83. 6. 8 | 1000. |
| A chaque Sous-lieutenant, une livre dix sous en temps de paix ; & deux livres quatre sous cinq den. un tiers en temps de guerre, ci. | 1. 10. ″ | 45. ″ ″ | 540. | 2. 4. 5⅓ | 66. 13. 4 | 800. |
| A chaque Fourrier, douze sous quatre deniers en temps de paix ; & douze sous huit den. en temps de guerre, ci............... | ″ 12. 4 | 18. 10. ″ | 222. | ″ 12. 8 | 19. ″ ″ | 228. |
| A chaque Sergent, onze sous quatre deniers en temps de paix ; & onze sous huit den. en temps de guerre, ci.............. | ″ 11. 4 | 17. ″ ″ | 204. | ″ 11. 8 | 17. 10. ″ | 210. |
| A chaque Caporal, sept sous huit deniers en temps de paix ; & huit sous en temps de guerre, ci | ″ 7. 8 | 11. 10. ″ | 138. | ″ 8. ″ | 12. ″ ″ | 144. |
| A chaque Appointé, six sous huit deniers en temps de paix; & sept sous en temps de guerre, ci. | ″ 6. 8 | 10. ″ ″ | 120. | ″ 7. ″ | 10. 10. ″ | 126. |
| A chaque Fusilier ou Tambour, cinq sous huit deniers en temps | | | | | | |

| | EN TEMPS DE PAIX. | | | EN TEMPS DE GUERRE. | | |
|---|---|---|---|---|---|---|
| | Par jour. | Par mois. | Par an. | Par jour. | Par mois. | Par an. |
| le paix; & ſix ſous en temps de guerre, ci. . . . . . . . . . . . . . . | //$^l$ 5$^s$ 8$^d$ | 8$^l$ 10$^s$ //$^d$ | 102$^l$ | //$^l$ 6$^s$ //$^d$ | 9$^l$ //$^s$ //$^d$ | 108$^l$ |
| A chaque Fifre ou Clarinet, ix ſous huit deniers en temps de aix; & ſept ſous en temps de guerre, ci. . . . . . . . . . . . . . . | // 6. 8 | 10. // // | 120. | // 7. // | 10. 10. // | 126. |
| ***ÉTAT-MAJOR.*** | | | | | | |
| Au Colonel, indépendamment le ſes appointemens de Capitaine, ingt-huit livres ſix ſous huit den. n tout temps, ci. . . . . . . . . . . | 28. 6. 8 | 850. // // | 10200. | 28. 6. 8 | 850. // // | 10200. |
| Au Colonel-commandant, lorſqu'il exiſtera, ſeize livres treize ſous uatre deniers en temps de paix; vingt-cinq livres en temps de guerre, ci. . . . . . . . . . . . . . . | 16. 13. 4 | 500. // // | 6000. | 25. // // | 750. // // | 9000. |
| Au Lieutenant-colonel, indépendamment de ſes appointemens le Capitaine, quatre liv. quatorze ous cinq deniers un tiers en temps le paix; & huit livres ſix ſous huit leniers en temps de guerre, ci. . | 4. 14. $5\frac{1}{3}$ | 141. 13. 4 | 1700. | 8. 6. 8 | 250. // // | 3000. |
| Au Major, huit liv. en temps le paix; & onze livres deux ſous leux deniers deux tiers en temps le guerre, ci. . . . . . . . . . . . . . | 8. // // | 240. // // | 2880. | 11. 2. $2\frac{2}{3}$ | 333. 6. 8 | 4000. |
| A chaque Chef de bataillon, ix livres treize ſous quatre deniers n temps de paix; & huit livres leux ſous deux deniers deux tiers n temps de guerre, ci. . . . . . | 6. 13. 4 | 200. // // | 2400. | 8. 2. $2\frac{2}{3}$ | 283. 6. 8 | 3400. |
| A chaque Aide-major avec ommiſſion de Capitaine, cinq ivres en temps de paix; & ſix vres treize ſous quatre deniers en emps de guerre, ci. . . . . . . . . | 5. // // | 150. // // | 1800. | 6. 13. 4 | 200. // // | 2400. |
| A chaque Aide-major ſans ommiſſion de Capitaine, trois ivres ſix ſous huit den. en temps | | | | | | |

| | EN TEMPS DE PAIX. | | | EN TEMPS DE GUERRE. | | |
|---|---|---|---|---|---|---|
| | Par jour. | Par mois. | Par an. | Par jour. | Par mois. | Par an. |
| de paix; & cinq livres en temps de guerre, ci............. | $3^{l}$ $6^{s}$ $8^{d}$ | $100^{l}$ $″^{s}$ $″^{d}$ | $1200^{l}$ | $5^{l}$ $″^{s}$ $″^{d}$ | $150^{l}$ $″^{s}$ $″^{d}$ | 1800. |
| A chaque Sous-aide-major, une livre treize sous quatre deniers en temps de paix; & trois livres six sous huit deniers en temps de guerre, ci................. | 1. 13. 4 | 50. ″ ″ | 600. | 3. 6. 8 | 100. ″ ″ | 1200. |
| A chaque Porte-drapeau, une livre dix sous en temps de paix; & deux livres quatre sous cinq den. un tiers en temps de guerre, ci.. | 1. 10. ″ | 45. ″ ″ | 540. | 2. 4. $5\frac{1}{3}$ | 66. 13. 4 | 800. |
| Au Quartier-maître, une livre dix sous en temps de paix; & deux livres quatre sous cinq den. un tiers en temps de guerre, ci. | 1. 10. ″ | 45. ″ ″ | 540. | 2. 4. $5\frac{1}{3}$ | 66. 13. 4 | 800. |
| A l'Officier chargé de la Caisse, une livre treize sous quatre deniers en tout temps, ci.......... | 1. 13. 4 | 50. ″ ″ | 600. | 1. 13. 4 | 50. ″ ″ | 600. |
| Au Tambour-major, quatorze sous en tout temps, ci...... | ″ 14. ″ | 21. ″ ″ | 252. | ″ 14. ″ | 21. ″ ″ | 252. |
| A l'Aumônier, une livre treize sous quatre deniers en temps de paix; & deux livres cinq sous six deniers deux tiers en temps de guerre, ci................ | 1. 13. 4 | 50. ″ ″ | 600. | 2. 5. $6\frac{2}{3}$ | 68. 6. 8 | 820. |
| Au Chirurgien, une livre sept sous neuf deniers un tiers en temps de paix; & deux livres en temps de guerre, ci.............. | 1. 7. $9\frac{1}{3}$ | 41. 13. 4 | 500. | 2. ″ ″ | 60. ″ ″ | 720. |
| *OFFICIERS & BAS OFFICIERS RECRUTEURS.* | | | | | | |
| Au Capitaine, cinq livres en tout temps, ci............. | 5. ″ ″ | 150. ″ ″ | 1800. | 5. ″ ″ | 150. ″ ″ | 1800. |
| Au Lieutenant, trois livres six sous huit den. en tout temps, ci | 3. 6. 8 | 100. ″ ″ | 1200. | 3. 6. 8 | 100. ″ ″ | 1200. |
| Au Sous-lieutenant, deux livres en tout temps, ci........... | 2. ″ ″ | 60. ″ ″ | 720. | 2. ″ ″ | 60. ″ ″ | 720. |

| | EN TEMPS DE PAIX. | | | EN TEMPS DE GUERRE. | | |
|---|---|---|---|---|---|---|
| | Par jour. | Par mois. | Par an. | Par jour. | Par mois. | Par an. |
| A chaque Sergent, une livre tout temps, ci.......... | 1[l] //[s] //[d] | 30[l] //[s] //[d] | 360[l] | 1[l] //[s] //[d] | 30[l] //[s] //[d] | 360[l] |
| A chaque Caporal, quinze ſous tout temps, ci.......... | // 15. // | 22. 10. // | 270. | // 15. // | 22. 10. // | 270. |

Voulant Sa Majeſté que la paye de guerre ne ſoit donnée audit régiment, que quand il ſervira en campagne, à commencer du jour de ſon arrivée à l'armée, juſqu'à celui de ſon départ de l'armée pour rentrer dans le royaume; & que, lorſqu'il demeurera en garniſon dans le royaume, pendant la guerre, il ne touche que la paye réglée pour le temps de paix.

20.

L'INTENTION de Sa Majeſté eſt que, comme il a été réglé précédemment, les Aides-major qui auront la commiſſion de Capitaine, concourent, d'après la date de ladite commiſſion, avec les autres Capitaines, pour jouir du ſupplément d'appointemens qui eſt accordé aux Capitaines de la première & de la ſeconde claſſe, dont ils feront nombre.

21.

LA retenue pour l'entretien du linge & chauſſure, continuera d'avoir lieu, ainſi qu'elle eſt réglée par l'article 27 de l'Ordonnance du 21 décembre 1762, concernant le régiment Royal-Italien.

22.

VEUT au ſurplus Sa Majeſté que les diſpoſitions qui

ont été faites par ladite Ordonnance; ou postérieurement, pour la Masse de l'habillement, pour la Masse des Recrues, & pour celle des six livres pour chaque homme par an, destinée aux réparations journalières, aient leur entière exécution.

L'intention de Sa Majesté étant que, sur ladite Masse de six livres, il soit donné à chaque Tambour une haute-paye de deux sous par jour, au moyen de laquelle lesdits Tambours seront tenus d'entretenir leur caisse de peaux & de cordages, & de se fournir de baguettes.

23.

SA MAJESTÉ ayant reconnu l'utilité d'entretenir un Maître-armurier à la suite de l'État-major de chaque régiment, pour pourvoir aux réparations des armes, a réglé que ledit Maître-armurier sera engagé au moins pour deux ans, & assujetti aux peines portées par les Ordonnances; il ne fera nombre dans aucune compagnie, & jouira de douze livres par mois, qui lui tiendront lieu d'engagement, laquelle somme sera prise sur ladite Masse des six livres.

24.

POUR parvenir à la nouvelle composition prescrite par la présente Ordonnance, l'Inspecteur qui sera chargé de son exécution, fera mettre le régiment Royal-Corse & l'Infanterie de la Légion Corse, sous les armes, après avoir pris les ordres du Gouverneur ou Commandant de la province ou de la place où lesdits corps se trouveront, & en présence du Commissaire des guerres qui en aura la police.

25.

Il fera une revue exacte de chacun de ces corps, par laquelle il constatera le nombre d'Officiers, de bas Officiers & de Soldats dont ils seront composés; & le Commissaire des guerres fera aussi la sienne, pour servir au payement de chacun desdits corps jusqu'au jour de la nouvelle composition exclusivement.

26.

L'Inspecteur ordonnera le mélange des compagnies des deux bataillons, suivant l'ancienneté des Capitaines qui se trouveront les commander, après les avoir égalisées, & il complettera les bas Officiers & les compagnies de Grenadiers.

Le Capitaine de Grenadiers conservera sa compagnie, dans le cas même où, après l'incorporation, il se trouveroit des Capitaines dans le même régiment dont les commissions seroient d'une date antérieure à celle dudit Capitaine de Grenadiers; mais il ne pourra parvenir à l'emploi de Chef de bataillon, que suivant son rang d'ancienneté dans le régiment.

L'intention de Sa Majesté est aussi que les deux Capitaines & les deux Lieutenans de la Légion Corse, qui, par l'Ordonnance du 15 septembre 1770, ont été établis dans l'Isle de Corse pour y former un dépôt de Recrues, soient conservés à la suite du régiment Royal-Corse, & qu'ils y jouissent du traitement qui leur a été réglé par ladite Ordonnance, jusqu'à leur remplacement dans ledit régiment.

L'Inspecteur réunira les différentes Masses des deux corps, & en dressera un état détaillé.

27.

S'IL ſe trouvoit des Capitaines dont les commiſſions fuſſent de même date, l'Inſpecteur établira leur rang ſuivant leur ancienneté dans le grade de Lieutenant, & en cas d'égalité, ſuivant leur ancienneté dans le grade de Sous-lieutenant; & ſi toutes leurs lettres ſe trouvoient de même date, alors le Capitaine du régiment qui recevra l'incorporation, ſera préféré.

Il en ſera uſé de même pour les Lieutenans, Sous-lieutenans & Porte-drapeaux.

28.

LEDIT Inſpecteur procédera enſuite à faire dreſſer un contrôle de tous les Officiers qui compoſeront le régiment, contenant leurs noms, ſurnoms, les dates & les lieux de leur naiſſance, le détail de leurs ſervices, l'époque de leurs différens grades, enfin tous les détails qui pourront faire connoître leurs ſervices, leurs mœurs & leurs talens.

29.

APRÈS que ces différentes opérations ſeront terminées, l'Inſpecteur fera dreſſer des contrôles par compagnie, des hommes qui les compoſeront, contenant leurs noms, ſurnoms, ſignalement, le lieu & la date de leur naiſſance, leur grade, l'époque de leur engagement, & il adreſſera des doubles de ces contrôles au Secrétaire d'État ayant le département de la guerre.

30.

SA MAJESTÉ fera connoître ſes intentions ſur les

uniformes de ſes régimens d'Infanterie, par un Règlement particulier.

## 31.

IL ſera dreſſé, par le Commiſſaire des guerres qui ſera préſent à l'exécution de la préſente Ordonnance, un procès-verbal de la nouvelle compoſition dudit régiment, qui y eſt preſcrite: Voulant Sa Majeſté que la ſolde & les différens traitemens réglés aient lieu, à commencer du jour & de la date dudit procès-verbal, dont il ſera remis un double, ſigné dudit Commiſſaire des guerres, au Tréſorier; voulant auſſi Sa Majeſté qu'il en ſoit envoyé un double au Secrétaire d'État ayant le département de la guerre.

## 32.

SA MAJESTÉ connoiſſant l'utilité dont les Chirurgiens ſont aux Corps où ils ſervent, & voulant les y attacher de plus en plus en leur aſſurant un ſort, lorſque leur âge ou leurs infirmités les mettront hors d'état de ſervir, a bien voulu régler que tout Chirurgien qui aura ſervi dans un ou pluſieurs régimens l'eſpace de vingt-quatre ans révolus, & qui ne pourra plus continuer ſes ſervices, obtiendra, ſur le compte qui en ſera rendu par l'Inſpecteur au Secrétaire d'État ayant le département de la guerre, une penſion de retraite de quatre cents livres qui lui ſera aſſignée ſur l'Extraordinaire des guerres; & que ladite penſion de retraite ſera portée à ſix cents livres s'il a continué ſes ſervices pendant trente ans ſans interruption.

## 33.

VOULANT au ſurplus Sa Majeſté, que les Ordonnances

& Règlemens précédemment rendus, ſoient exécutés en tout ce qui ne ſera pas contraire à la préſente Ordonnance.

MANDE & ordonne Sa Majeſté aux Officiers généraux ayant commandement ſur ſes Troupes, aux Gouverneurs & Lieutenans généraux dans ſes provinces, aux Gouverneurs & Commandans de ſes villes & places, aux Inſpecteurs généraux de ſes Troupes d'Infanterie, aux Intendans dans ſes provinces & ſur ſes frontières, aux Commiſſaires des guerres & à tous autres ſes Officiers qu'il appartiendra, de tenir la main à l'exécution de la préſente Ordonnance.

FAIT à Verſailles le vingt-ſix avril mil ſept cent ſoixante-quinze. *Signé* LOUIS. *Et plus bas*, LE MARÉCHAL DE FELIX DU MUY.

A PARIS,
DE L'IMPRIMERIE ROYALE.

M. DCCLXXV.

www.ingramcontent.com/pod-product-compliance
Lightning Source LLC
LaVergne TN
LVHW020512230826
846091LV00008BA/3470

*9782329344171*